Arthur Thömmes

Spezialauftragskartei

90 Karten zur Schüleraktivierung in der SEK I

Verlag an der Ruhr

Impressum

Die Spezialauftragskartei
90 Karten zur Schüleraktivierung in der Sek I

Autor: Arthur Thömmes

Gestaltungsmotive:
Hut & Brille © Lulu877 – Shutterstock.com;
alles andere © Verlag an der Ruhr

Druck: Spielkartenfabrik Altenburg GmbH, Altenburg, DE

Verlag an der Ruhr
Mülheim an der Ruhr
www.verlagruhr.de

ISBN 978-3-8346-4445-9

Inhaltsverzeichnis

✱ Der Verlag an der Ruhr legt großen Wert auf eine geschlechtergerechte und inklusive Sprache. Daher nutzen wir das Gendersternchen, um sowohl männliche und weibliche als auch nichtbinäre Geschlechtsidentitäten einzuschließen. Alternativ verwenden wir neutrale Formulierungen. In Texten für Schüler*innen finden sich aus didaktischen Gründen neutrale Begriffe bzw. Doppelformen.

Vorwort

Liebe Kolleg*innen ,

ich freue mich, dass Sie mithilfe dieser Spezialauftragskarten Ihre Schüler*innen aktivieren wollen. Lesen Sie sich bitte zunächst in Ruhe die Einleitung und die Hinweise zum praktischen Einsatz durch. Dabei ist ein Grundsatz besonders wichtig: Es gibt keine festen Regeln, wie Sie die Karten einsetzen. Ich mache dazu lediglich Vorschläge, die Sie dann gemeinsam mit Ihren Lerngruppen konkretisieren sollten.
Haben Sie den Mut, mit den Vorlagen zu experimentieren und sie an die Bedürfnisse Ihrer Klassen anzupassen!
Ich wünsche Ihnen viel Freude und Erfolg mit den Spezialaufträgen.

Ihr Arthur Thömmes

Einleitung

Eine wichtige Herausforderung für Lehrpersonen besteht darin, die Schwächen und Stärken der Schüler*innen zu erkennen und die Lernenden kompetent und zielgerichtet zu fördern und zu fordern. Dabei geht es nicht selten um Aktivierung und darum, die Lust am Lernen zu wecken oder weiterzuentwickeln. Natürlich sind spannende Lernszenarien und methodisch-didaktisch gut aufbereitete Unterrichtsmaterialien ein wichtiger Baustein der Aktivierung im Unterricht.

Aber vor allem die persönliche Zuwendung und Begleitung kann bei den Lernenden die motivierende Erkenntnis wecken, dass die Lehrperson mehr ist als ein*e Wissensvermittler*in.

In einem kompetenzorientierten Unterricht achtet die Lehrperson auf die Lernentwicklung aller Schüler*innen. Die bunte Vielfalt der Lerngruppe

(Heterogenität) ist eine große Herausforderung, der sich der*die Lehrer*in durch eine gute Planung und einen differenzierten Methoden- und Mediensatz stellen kann.

Es geht um die Entwicklung persönlicher Kompetenzen und Potenziale der Lernenden, die die Lehrperson anleitet und fördert. Dabei hat neben den vielen Möglichkeiten des kooperativen Lernens vor allem das selbstständige, individuelle und kompetenzorientierte Lernen eine wichtige Bedeutung im gesamten Lernkonzept. Hier sind besonders differenzierte Lernaufgaben und -arrangements hilfreich, um jede*n einzelne*n Schüler*in gezielt in seiner*ihrer Lernentwicklung zu unterstützen.

Dazu bietet das Konzept der vorliegenden „Spezialauftragskartei" eine spannende und kreative Möglichkeit der Umsetzung im Unterricht. Durch die Spezialaufträge holen Sie Schüler*innen aus ihrer

Passiv- und Konsumhaltung heraus, anstatt sie lediglich zu ermahnen und ihnen gut zuzureden. Die kleinen Zusatzaufgaben und Sonderaufträge binden die Jugendlichen in den Unterricht ein, wecken den Ehrgeiz, spornen zu Aktivität an und bringen auf diese Weise Aufmerksamkeit und Motivation in den Unterricht zurück. Zusätzlich erinnern sie unaufmerksame Schüler*innen an ihre eigene Lernverantwortung.

Der praktische Einsatz der Spezialauftragskartei

Im Kartenset befinden sich insgesamt 96 Karten in folgenden acht Kategorien:

1 | AKTIVIERUNG

Diese Karten sollen die Schüler*innen dabei unterstützen, sich konzentriert und motiviert am Unterricht zu beteiligen.

2 | LERNMOTIVATION

Diese Aufgaben sollen die Lernenden dazu anregen, sich mit den Unterrichtsinhalten intensiv auseinanderzusetzen und sich (noch) mehr in den Unterricht einzubringen.

3 | WIEDERHOLUNG

Mithilfe dieser Karten sollen die Schüler*innen Neues wiederholen und Ergebnisse sichern.

4 | LERNSTRATEGIEN

Diese Aufgaben sollen dabei helfen, Lernprozesse aktiv zu gestalten und zu unterstützen.

5 | REFLEXION

Durch den Einsatz von Karten dieser Kategorie blicken Schüler*innen kritisch auf den Unterrichtsprozess.

6 | KLASSENKLIMA

Aufgaben aus diesem Bereich helfen, den Blick auf die Klassengemeinschaft als Lerngruppe zu richten.

7 | AKTIONSKARTEN

Diese Karten können ein wenig Bewegung und Aktion in den Unterricht bringen und die

Schüler*innen mobilisieren, wenn im Unterricht „die Luft raus ist“, sie einen Ausgleich zum langen Sitzen oder nach Phasen starker Konzentration benötigen.

8 | BLANKOKARTEN

Hier können Sie selbst kreativ werden und – vielleicht auch in Zusammenarbeit mit Ihren Schüler*innen – eigene Spezialaufträge entwickeln.

Jede Kategorie besteht aus elf Karten, wobei die Karten der Kategorien 1–7 jeweils auf der Vorderseite eine Aufgabe für eine*n (oder mehrere) ausgewählte*n Schüler*in enthalten. Wenn erforderlich, werden die Aufgaben auf der Kartenrückseite näher erläutert bzw. werden dem*der Schüler*in Beispiele zur Bewältigung der Aufgabe an die Hand gegeben.

Jede Karte ist mit folgenden Icons gekennzeichnet, die je nach Einsatz blass oder kräftig dargestellt sind:

Die Aufgaben auf diesen Karten werden während des Unterrichts bearbeitet.

Diese Aufgaben müssen zu Hause bearbeitet werden, evtl. ist es aber hilfreich, sich während des Unterrichts Stichpunkte zu notieren.

Sie vereinbaren mit dem*der Schüler*in, wo und in welcher Form dieser Spezialauftrag bearbeitet wird.

Machen Sie sich im Vorfeld Gedanken, welcher Auftrag für welche*n Schüler*in geeignet ist.

Wählen Sie die Karten entsprechend den Kompetenzen bzw. den Stärken und Schwächen der einzelnen Schüler*innen aus. Somit können nicht nur Lerndefizite ausgeglichen, sondern auch bestimmte Kompetenzen gezielt gefördert werden. Durch den persönlichen Spezialauftrag nimmt der*die einzelne Schüler*in die eigene Lernverantwortung wahr und reflektiert seine*ihre Beteiligung am Unterricht. Auch Unterrichtsatmosphäre und Arbeitsklima werden gezielt gefördert. Unterrichtsstörungen kann durch das selbstständige Arbeiten einzelner Schüler*innen an spannenden Aufgaben vorgebeugt werden.

Wann und wie häufig Sie die Karten in Ihrem Unterricht einsetzen, ist ganz Ihnen überlassen. Wichtig ist jedoch, dass Sie den Schüler*innen genug Zeit für die Bearbeitung der Spezialaufträge gewähren und diese immer zu Beginn einer Stunde vergeben.

Sorgen Sie für eine gewisse Regelmäßigkeit und Ausgewogenheit und achten Sie darauf, nicht immer an dieselben Schüler*innen Spezialaufträge zu verteilen. Verdeutlichen Sie, dass die Schüler*innen bei Unklarheiten nachfragen dürfen, damit die Aufgabenstellung verstanden wird. Wenn der Umgang mit dem Spezialkartenset vertraut ist, wäre es auch sinnvoll, dass sich einzelne Schüler*innen gezielt Aufgaben aussuchen.

Bevor die Karten eingesetzt werden, ist eine grundsätzliche Einführung der Methode in der Klassengemeinschaft notwendig. Dabei werden auch konkrete Handlungsschritte diskutiert und festgelegt, beispielsweise könnten Sie vereinbaren, dass am Ende der Stunde eine gewisse Zeitspanne zur Bearbeitung der Spezialaufträge oder für Rückfragen zur Bearbeitung zu Hause genutzt werden kann. Die Spezialaufträge sollen zu einem festen Ritual werden, das der konkreten Lerngruppe angepasst werden sollte. Dabei sollte auch deutlich vermittelt werden, dass es sich bei der Umsetzung der Aufgaben nicht um Strafarbeiten handelt. Sie sollen vielmehr das Lernen fördern und unterstützen.

Der*die Schüler*in erhält zusätzlich zur Auftragskarte eine Karteikarte oder ein Arbeitsheft, um die Ausarbeitung zu notieren.

Die Spezialauftragskarten werden entweder am Unterrichtsende oder – wenn es sich um einen Auftrag handelt, der zu Hause ausgeführt wird – zu Beginn der nächsten Stunde an den*die Lehrer*in zurückgegeben. Das ausgearbeitete Ergebnis des Auftrags erhält der*die Lehrer*in in der betreffenden Unterrichtsstunde oder nach Vereinbarung. Dabei sind verschiedene Formen der Ergebnispräsentation denkbar: Gespräch, Foto, E-Mail, Karteikarte, Heft etc. Der*die betreffende Schüler*in erhält eine Rückmeldung. Etablieren Sie einen festen Umgang mit den Ergebnissen, die aus den Spezialaufträgen hervorgehen, z. B. indem sie in die mündliche Note einfließen.

HINWEIS

Es gibt keine festen Regeln zum Einsatz der Karten. Seien Sie erfinderisch und experimentieren Sie gemeinsam mit den Schüler*innen, wie die Karten genutzt werden und wie sie das Lernen unterstützen können!